디카 단시 컬러시집
노년의 詩

노년의 詩

초판 1쇄 발행 2025년 7월 21일

지은이 서동주
펴낸이 장길수
펴낸곳 지식과감성#
출판등록 제2012-000081호

주소 서울시 금천구 벚꽃로298 대륭포스트타워6차 1212호
전화 070-4651-3730~4
팩스 070-4325-7006
이메일 ksbookup@naver.com
홈페이지 www.knsbookup.com

ISBN 979-11-392-2701-7(03810)
값 12,000원

- 이 책의 판권은 지은이에게 있습니다.
- 이 책 내용의 전부 또는 일부를 재사용하려면 반드시 지은이의 서면 동의를 받아야 합니다.
- 잘못된 책은 구입하신 곳에서 바꾸어 드립니다.

지식과감성#
홈페이지 바로가기

노년의 詩

시/사진 **서동주**

오래된 담장
칠했더니
환해졌습니다

옛날 집
나무 심었더니
꽃이 피었습니다

노년
가꾸면
꽃이랍니다

詩 萬病通治藥

노년의 길

숙이니

아름답고

비우니

즐겁고

참으니

행복하더라

老年 幸福의 열매입니다

노년을 열며

걸으면
청춘

벗으면
젊음

읽으니
회춘

오늘 탐독해
마음속을 채우리라

寶物 詩集

詩文(입문)

영산홍 같은
내 얼굴

어느새
주름만 가득하니

무정한 세월이
술에 취했구려

詩文 보러
오르막 올라 봅니다

謙遜 志士 雲山

老年(노년)

홀로라고
낙심할 것도 없습니다

짝을 잃었다고
외로워할 것도 없습니다

살아온 것이
얽매임이었기에

찾아온 노년
이제야 일손 놓고 어깨 피어 봅니다

寶石 老後

목차

노년의 길   4
노년을 열며   5
詩文(입문)   6
老年(노년)   7

1부 老年은 詩이며 藝術입니다

詩 향기	14	꽃망울	28
부모님	15	한풀이	29
고향의 어머님	16	歸鄕(귀향)	30
요즘	17	담배	31
자식 농사	18	양귀비	32
꽃의 유혹	19	욕망	33
쉼	20	파 눈물	34
기다림	21	장날	35
절	22	부부 농사	36
잡풀	23	야생화	37
견차	24	내 집	38
밭일	25	물길	39
恭敬(공경)	26	아비	40
낚시꾼 마음	27	主役(주역)	41

각자도생	42	누가 효자	66		
개나리 집	43	나무	67		
꽃	44	며느리	68		
세월	45	재물	69		
지나온 길	46	한 송이	70		
사위	47	자식에게	71		
신점	48	노모	72		
모내기	49	고목	73		
벚꽃	50	고언	74		
모 일기	51	유혹	75		
청춘 낭비	52	고드름	76		
풀 일	53	떠난다	77		
깨단	54	보리밭	78		
땅	55	기막힌 팔자	79		
꽃 브라	56	효도	80		
신문	57	하면 되리	81		
강아지 이름	58	생존	82		
생명의 꽃	59	詩想(시상)	83		
꽃벌	60	꽃잎	84		
원망	61	일	85		
孝(효)와 公德(공덕)	62	구절초	86		
호미질	63	돌부처	87		
봄 주인	64	베옷	88		
자매 꽃	65	벚꽃과 개나리꽃	89		

흙	90	춘난	92
하나	91	은근한 사랑	93

2부 나이는 아라비아 숫자입니다

옻나무	96	옛집	115
뒷모습	97	견 놈	116
지팡이	98	술친구	117
농사	99	내 사랑 지팡이	118
까마중	100	요물 폰	119
탐스러운 꽃	101	마늘	120
인생 깨단	102	까치집	121
부모 마음	103	좋은 날	122
노후	104	분홍 꽃	123
노란 꽃	105	아픈 나무	124
3월	106	예술가	125
봄 사람	107	겸손의 꽃	126
子息(자식)	108	어린 시절	127
농사의 神(신)	109	밤꽃	128
기자의 詩	110	양귀비	129
變化無雙(변화무쌍)	111	깨 털고	130
작은 꽃	112	눈물	131
모종	113	갈비	132
외상값	114	고추밭	133

잡초	134	病苦(병고)	158
마늘종	135	고난	159
교회	136	장미 시절	160
세월	137	흉	161
아파 보니	138	유산	162
매실주	139	장수 비결	163
짐	140	글쟁이	164
가슴 꽃	141	여정	165
생고생	142		
빨간 수박	143		
무념의 삶	144		
자식	145		
개 팔자	146		
詩想(시상)	147		
행복	148		
양파	149		
女人(여인)	150		
물새	151		
짝사랑	152		
탑	153		
노년 세월	154		
부탁	155		
酒量(주량)	156		
짝	157		

1부

노년의 詩

시/사진 **서동주**

노년은 꽃이 만든 열매

老年은
詩이며 藝術입니다

詩 향기

꿀 따러
왔다가

詩 향기
맡고 갑니다

어르신
뵈러 왔다가

애환을
담고 갑니다

꿀 먹고 시 먹고

 부모님

나를
낳으셨으니 어머니는 바다입니다

나를
길러 주셨으니 아버님은 태양입니다

나를
가르쳐 주셨으니 위대한 부모님입니다

부모님의 은혜 눈감아도 못 갚는다

고향의 어머님

주저앉으면
온다던 나의 딸

잊었나
잊어버렸나

훌쩍훌쩍
옷소매에 닦으며

혹시나
길을 나서 봅니다

> 눈물 나게 하는 것도 죄

 ## 요즘

소풍 왔다
가는 인생

나는 젊어
시부모에게 효성을 다했거늘

제기랄

효는
돈이 한다는구나

한번 효도 3대 간다

자식 농사

입때껏
키워 놨더니
절로 자랐다고 합니다

없는 것 있는 것
먹여 가르쳐 놨더니
알아서 배웠다고 합니다

씨 없는
휘추리는 없다

철없는 자식 쓴 자식

 꽃의 유혹

눈 달린 꽃이
유혹하니

벌인가
나비인가

나는 이미 늙었으니
시선을 돌리게나

꽃의 정의는 겸손

쉼

앞만 보고
달려온 인생

노년이
코앞인데

자식들이
내 마음 알까

얇은 물이
이 마음 알까

어머니를 쉬게 하라

 **기다림**

엄마는
문 앞에서 기다린다

자식과
손주들은

바쁘다는 핑계로
오늘도 오지 않는다

생선을 태워 먹고
끼니를 건너뛴다

손 떨리고 말 더듬는데도
새끼들은 알아채지 못한다

엄마는
몰래 울다가 주무신다

엄마는 외로운 사슴

절

여쭐 게 있어 부처님 만나러 왔는데
안 계시고 없다고 하시니

108배
길게 하고
다음 생에 만날까 합니다

나무아미타불

부모님 돌아가시니 절을 찾는구나!

잡풀

시집와
뽑은 풀이
태산 같은데

풀들이
구순 넘은 나보다
더 오래 살고 있구나

풀 뽑다 갈 날 놓쳤다

견차

미는 늙은이 위에
타는 놈

누렁인가
개새끼인가

나 죽으면
따라 죽을까?

개고생 사서도 한다

밭일

삽질은
무겁고

일은
되고

집에 가
누우니 백골이 쑤시더라

어머니
그만하이소

> 엄마는 밭의 노예

恭敬(공경)

어른을
위로하면
아플 새 없고

노인을
존경하면
외로울 새 없다

부모에게
효도하면
따로 복 지을 일 없다

어른을 공경하면 자손이 효자

낚시꾼 마음

백 년 개울가
참붕어 간데없고

낚시꾼
고독을 씹네

오늘도
입질도 없으니

갈까
말까

떡밥 주는 것도 은덕

꽃망울

꽃이
내민다

세상을
간 본다

불쑥
찾아온 봄

골짜기
접수한다

꽃, 유치한 사랑은 안 한다

한풀이

할머니
땅을 찢는다

뭉친 가슴
모질게 빻는다

영감에게 당한
한을 묻는다

할머니는
우두머리

短時 滿喫

歸鄕(귀향)

철들어서 온 고향
부모 가셨으니 한발 늦었다

뉘우쳐 돌아오니
땅이 퍽퍽하다

매로 키우지 않았으니
불효로 돌아왔다

어머님
아버님

> 흙은 봄인데 부모는 낙엽

 ## 담배

늙어 피우니
맛없다

눈치로 피우니
죄인 같다

골초는
아프다

연기가 죄

양귀비

꽃 앞에
고개 숙이니

도인가
덕인가

몽우리 터지면
인물 나옵니다

숙이면 선인, 쳐들면 악인

욕망

나무를
뿌리째
가져간들 무엇 하리

봄인데
그냥
살게 내버려두지

나무가
우는 날
당신도 분명 울게 되리오

나무 드러내지 않는 恩木

파 눈물

어머님 파는
손 위에서 일하고

어머님 주름은
얼굴에서 놉니다

딸 하나
속을 삭이니

파 핑계로
눈물 흘립니다

열 자식 필요 없다 효자 하나면 OK

 ## 장날

오일장
나왔다

지팡이도
보따리도

흰머리는
덤으로 왔으니

어서
흥정하고 가자

뿌린 대로 얻었다

부부 농사

남들이 힘들어하는
밭일

각시와
금세 합니다

척척
호흡이 맞으니 잉꼬부부가 맞습니다

농사가
행복입니다

장수의 비결은 금실

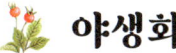 ## 야생화

고사리
꺾으러 갔더니

야생화
꽃이 피었습니다

귀엽고
탐스러운 꽃

묵은
내 영감보다 훨씬 낫습니다

묵은 영감이 땡감보다 낫다

 ## 내 집

옛날
내 집이 맞습니다

슬레이트 지붕에
작은 앞마당

텃밭에
장독대 몇 개

울타리 없는
시골집이었습니다

지금은
외롭게 누군가를 기다리고 있습니다

시골에서 태어났기에 성공할 수 있었다

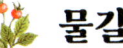 ## 물길

물 건너기가
쉬운 줄 알았습니다

가 보지 않은
모험의 길

촌놈의
방황 길

물이
웃는다

지혜는 물처럼, 베풂은 산처럼

🌿 아비

아빠는
문패도 없다

미안하다
아들아

아비는
통장도 없다

면목 없다
딸들아

내가
힘이 없는 것은

늙어
한 푼도 없는 것이다

> **내 탓만 잘해도 성인**

 ## 主役(주역)

흰머리
몇 개 났다고
낙담하지 마라

노년은
인생의 主役이며
만물을 묘사하는 先驅者(선구자)이다

말년은
누구나 한 번쯤 오는 것
녹으면 사라질 하얀 눈에 불과할 뿐이다

지금의 행복이 조상의 은덕

각자도생

늙은이는
풀질하고

오리는
물질합니다

너와
나는

주둥이가
다르다

깊은 물에 가지 마라! 어미가 운다

 개나리 집

비록
빈털터리 집이지만

노란
개나리는 피었습니다

엄마는
멀리 가셨습니다

엄마는 이미 境地(경지)에 이른 분

꽃

한때는
너도 꽃

한때는
나도 꽃

그런 시절이
있었다

향기가
사라지니

서로
등만 보인다

향기는 백날 가지 않는다

 **세월**

오는 백발
나이로 막을까?
세월로 막을까?

솔 길이
약이라면
천번 만번 걷겠소

늙은이의 말이 약이고 솔

지나온 길

힘도
있었다

청춘도
있었다

지팡이
잡으니

허무하고
찹찹하다

내려놓으니 천국

 사위

수레에
의지하니

인생
외롭고 쓸쓸하다

딸 데리고 간
개자식

효도한다더니
쥐뿔도 주지 않는다

> 딸은 친정의 양이

신점

어깨 메면
동무

손잡으면
친구

팔짱 끼면
불륜

배 태우면
부부

연애의 끝은 쓰다

 모내기

서방은
어디 가고

유월에
모내기인가

외국 아낙네
투덜대지 않으며

허리 숙여
비뚤배뚤 모내기합니다

착한 사람의 근본은 덕

벚꽃

봉오리
필 듯 말 듯
애간장 태우니

성질 급한
늙은이
기쁨이 없구나

꽃 활짝 피는 날
술에 노예가 되어
분한 마음 가라앉히네

꽃은 봄의 女神

모 일기

모내기는
기계가 하고

모의 땜방은
백로가 냅니다

논의 물은
하늘이 댔으니

벼농사
거저 합니다

農者天下之大本(딴짓하지 말고 농사만 하여라)

청춘 낭비

청춘이
100년 갈 줄 알고

허구한 날
먹고 놀고 연애만 했습니다

바닷물
올 적 갈 적 욕을 합니다

염병할 놈

청춘은 썰물처럼 가더라

풀 일

주저앉아
풀을 뽑으니

땅은 통곡하고
풀이 우는구나

어머님
올해만 지으소서

> 밭 일의 정년은 칠순 팔순?

깨단

깨단은
쓰러져
매 맞을 준비를 한다

도리깨
맛을 봐야
털린다

고소
한 것도
죄

깨 한 말, 며느리도 안 준다

땅

밭
일구다가
몸을 쉰다

내
나이에
힘이 부친다

놀리자니
땅이 울고
팔자니 내가 운다

땅 만한 아우가 있으랴

꽃 브라

A컵이
확실하다

시선이 몰래 간다
썩을 놈

꽃에 빠지니 애처가

 ## 신문

구순의 할머니
세상을 읽는다

정치도 썩고
사회도 썩고

임금은
내 영감과 같은 불량배이고

백성들은
죽순만 베다 먹는다

세상의 매, 신문

강아지 이름

할머니가
붙인 이름
번개탄

서울 한복판
번개의 형
번개탄이 나타났다

인물은 검고
이름은 불같고
사냥은 뒷전이겠구나

지금 강시가 아닌 효시를 읽고 있습니다

 생명의 꽃

누가
씨를 던져 놓았는가?

바람인가
구름인가

한 생명
엎드려 기도하며 삽니다

惡行의 뉘우침 席藁待罪

 꽃벌

꽃
따 먹는 벌

꿀맛에
취하더니

붙들고
놓지 않는구나!

연애값 지불은
후불이구나!

꽃의 향기는 무한 리필

원망

소주의 안주는
생수

괴롭습니다

뚜껑 열린 소주는
자고

아침 골목
외국녀의 모습이 짠합니다

밑바닥을 쳐야 일어선다

孝(효)와 公德(공덕)

노인을
섬기면
孝(효)가 절로 생기고

어른을
받들면은
公德(공덕)이 절로 생깁니다

내일 하면
늦습니다

불효는 마음의 도적

호미질

허리
복대를 차고
호미질하십니다

어머님

땅의 진리를
터득하셨으니
그만! 하십시오!

세 살 호미 팔순까지 간다

봄 주인

개나리
담장을 채우니
봄 손님 오셨습니다

주인은
이것도 모르고
안채에서 낡은 겨울옷 입고 있습니다

담장의
기와들
얼굴 맑게 꽃단장합니다

몰래 왔다가 가는 것이 청춘

자매 꽃

노란 꽃
자매가 많은 건

엄마가

경전을
읽어서이다

아빠는 꽃보다 엄마

누가 효자

아들보다
지팡이

지팡이보다
아들

죽을 때
어느 놈이 나은가 보자

예쁜 여자는 가시넝쿨

 ## 나무

팬 나무
가마솥이 부르고

어설픈
도끼질

죽은 나무
아프다고 합니다

다비식
하는 날

콩들만
울리겠습니다

부모 죽어서 울지 말고 지금 잘해봐

며느리

구순
할머니

밭
돌보니

풀 놈 때문에
죽으려 해도 죽지 못한다

집안의 며느리
좋아할까? 싫어할까?

참된 인간은 낮은 자리에 연연하지 않는다

재물

돈의
임자는

스님인가?
보살인가?

부처
안 계시니

탑이
셈하고 있네

돈은 부처가 시험하고 선은 하늘이 시험

한 송이

한 송이
피우기 위해

3년의
고초를 겪었습니다

땅속 수행은
어둡고 거칠었습니다

보라색이니
호는 그대들이 지워 주세요

고생 끝에 꽃

자식에게

내가
키워 놨어도

효도를
바라지 않는다

언덕에서
어슬렁거릴 때

한 번은
꼭 와서 보거라

효도는 길게 권력은 짧게

 ## 노모

노모는
오늘도
밭을 일군다

불효한 자식은
땅에다 묻고

한숨은
호미로 찍고

죽는 날은
풀에 물어보며

오늘도
언덕 밭에서 호미 수행 중이다

키워 봐야 본전

고목

뻥 뚫린
것은

내 가슴
포 맞은 것 같고

한동안
아팠을 텐데

나도
너처럼 아픈 시절이 있었단다

고통은 나의 부족

고언

참
오래 살았지
숱한 고비 다 겪으며

애들아
늙으면 소용없다

싫은 소리 안 듣게
겸손하게 살아라

겸손하면 적이 없다

유혹

멋으로
반하게 하고

향기로
꼬시는구나

꽃의 유혹은
무죄

연애는 사랑이 아니다

 ## 고드름

차가운 몸
추녀 밑에 서서

스님을
울리는구나

동안거
끝내면

울며 녹아
물이 되거라

수행 끝내면
네가 간 길 따라가리라

따듯한 방이 수행처인가?

 ## 떠난다

까 버린 깨는
양푼에 담았고

모은 곡식들은
자식에게 주었으니

팔순 넘은 나는
영감이 간 데로

집 팔고
산으로 가렵니다

자식은 애물단지

보리밭

겉보리
서 말만 다오

평생 해 온
처가살이 면하게

몸이 늙으니
처갓집 담장 예쁘지 않고

말뚝은
온데간데없네

滿足(만족)을 警戒(경계)하라

기막힌 팔자

누우니
상팔자

먹고 노니
실업자

벼슬 없으니
백수

배를 보니
배짱으로 사는구나

내 배 사시오

효도

엄마의
무릎 소리

엄마의
지팡이 소리

내 귀엔
뚝뚝 아픈 소리

산대추야 우슬이랑
가마솥으로 가자

효도는 가문의 유산

하면 되리

일
떨어져

돈
떨어져

담배
떨어져

한 평의
내 집도 없다

손발 있으니 주먹 쥐면 된다

 ## 생존

돌 안고
자리 잡으니

한 쌍의
꽃이 피었습니다

생은
혹독하고

도는
멉니다

詩는 생각하는 예술

 **詩想(시상)**

나는
백지장에 詩를 쓰는데

누구는
나무 위에 시를 씁니다

시상이
하얗게 되었을 때

밤새
하얀 시를 만들고 갑니다

산 나무에 詩가 주렁주렁

꽃잎

내가
서서히
벗는 것은

임이
늦은 밤
와서가 아니다

봄을
시샘하는
꼬마 신랑 때문이다

꽃에 미치다 만 놈

일

젊어서도 일
늙어서도 일

팔자 탓인가
운명 탓인가

산 나무가 대변 안 하니
두릅나무야 말 좀 해 다오

할머니는 밭의 노자

 ## 구절초

한 송이
구절초

돌 틈에
터 잡으니

道가
고승보다 낫구려

그대가 죽은 후
시조로 삼으리라

天地는 생과 사의 경계선

 ## 돌부처

돌부처
효험 있다니

백팔배
해 봅니다

금년에
승진하면

삼천배
하고 가리라

너무 바라지 마라
이대로가 팔자이다

베옷

한복
한 쌍

나도
한때는 그랬다

옛날로
돌아가고 싶은데

장롱 속에
삼베옷은 누가 사 놓았는가

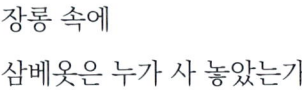
부모의 말씀은 우러난 사골국

벚꽃과 개나리꽃

연애 중인
커플입니다

몰래
염병들 떱니다

이놈들
불륜 장면입니다

꽃들의 연애는 로맨스

🌹 흙

아버지는
흙을 살리고

한평생
흙에 묻혀 사셨습니다

아직도
손을 놓지 않으시니

아버지는
흙자이십니다

논도 자식 밭도 자식

하나

꽃도
하나

달도
하나

친구도
하나면 족합니다

사랑은 하나

춘난

너는 꽃
나는 난

산에서
엎드려 사니

고라니도
스쳐 간다

꽃은 천 냥, 난은 만 냥

은근한 사랑

이슬비가
온다

우산을
씌웠다

허락도 없이
손이 왔다

사랑인가
유혹인가

연인, 여우와 늑대

2부

노년의 詩

시/사진 **서동주**

老年의 행복은 '지금'입니다

나이는
아라비아 숫자입니다

 ## 옻나무

맑은 계곡물에
묵은 옻나무 담그고

빡빡
문질러 봅니다

어머님의
노환

아픈 병을 고치려 하니
영리한 물고기는 비늘을 펄럭입니다

효자는 말끝에서 나온다

뒷모습

어머님
뒷모습이 짠합니다

그만
한다던 농사일

올해도
절로 또 합니다

땅 팔고
집 팔고
호미 자루도 당근에 팝니다

땅은 물려주어도 가난은 물려줄 수 없다

지팡이

허리를
뒤에서 당긴다

영감인가
세월인가

글 선생
무슨 비책 없는가?

긴 허리 병에 효자 없다

농사

겉보리
두 말이면
이승 농사

저승
농사보다
낫다

죽어도
가지 마라
저승

> 거지도 이승이 낫다

까마중

겉이 검으면
속도 검으니

연애는
가려서 하고

친구는
의리로 사귀라

검은 놈
거두지 마라

까만 열매 누가 숙이게 했는가?

탐스러운 꽃

몰래
피었다

물건이
확실하다

소 장사
오기 전에

나비에게
팔자

꽃은 나비의 처

인생 깨단

깨단 모아
털 준비 마치고

털고 나면
다비식 치릅니다

때가 되면
이 모양 됩니다

비우면
두렵지 않습니다

인생은 연기

부모 마음

딸만 있으면
호사하는 줄 알았다

효보다 폰

아빠는 뽕나무에
엄마는 가시나무에 앉아 있단다

엄마는 딸의 종

 ## 노후

힘없고
늙었으니

찾아오는 이
없구나

초저녁
밤기운 차가우니

달 말고는
부를 사람 하나도 없구나

젊을 적 淸風明月(청풍명월)의 주인은 나였다

 ## 노란 꽃

겨울이 품다가
봄이 만든 노란 꽃

다섯 장의 잎
오복

엄마의
이를 닮았다

꽃 마음 알면 策士(책사)

3월

목련꽃
피다가 눈 맞으니

겨울이
질투해 놓지 않습니다

노처녀가
봄을 시샘합니다

내 맘에 드는
찹쌀떡은 없다

老婚(노혼)은 不孝(불효)

 ## 봄 사람

겨울이
길어
굴리는데

봄을
기다리는
사람 있습니다

눈사람

눈사람 백의 동자

子息(자식)

긴병에
효자 없고

굽은 부모
모실 子 없구나

자식들을 위해
입 쓰게 살았는데

버찌 열매는
왜, 검게 숙이는가?

부모는 길지 않다

농사의 神(신)

아버지는
농사의 神

자나 깨나
농사일

흙과 싸우는
용감한 신농씨입니다

아버지는 밭의 불경을 읽는 중

기자의 詩

귀 처먹은
까마귀야

소나무에
싸지 마라

죽어 가는 하얀 나무
억장이 무너진다

온 유월에 서리
네 똥 때문이다

까마귀 앉으니 잎 떨어지네

變化無雙(변화무쌍)

채소 농사
말뚝만 박아도
그냥 되던 시절이 있었다

자식 농사
낳기만 하여도
절로 되던 시절이 있었다

농사 포기
자식 포기

농사도 옛말, 자식도 옛말

작은 꽃

작을수록
예쁘다

노랄수록
아름답다

늦게 필수록
귀엽다

내 사랑과
닮았다

꽃 보다 빠졌다

모종

무얼 심을까?

검은 놈
못된 놈
배신할 놈

절대로
키우지 마세요

그 씨가 그 씨

 ## 외상값

이른 봄날
구순의 할머니

장에
나오셨다

3년 전 외상 그은 년
잡아 족치러 왔다

외상 병은 벼룩의 간도 외상

 **옛집**

집도
돌담도
허물어져 갑니다

고향도
어머니도
없어졌습니다

나의
어린 시절은
사라져 갑니다

간 세월 가 버린 물은 되돌아오지 않는다

견 놈

개야
개야
누런 개야

언덕길에
타지 마라

아들에게
들키면은

다시는
못 탄단다

나의 上典 누렁이

 ## 술친구

겨울볕
좋습니다

양지바르니
따듯합니다

기다리는 건
봄 친구가 아니고

주당 협회
회장입니다

술 먹다가 아주 가리

내 사랑 지팡이

오른손으로
꼭 잡은 그대

늦은 나이
바람났지만

그대는
기둥서방이 아니라네

내 생에 마지막 기둥서방

요물 폰

신기한
핸드폰

요 속에
사람 들고

가수
들었네

내가
죽나 보자

핸드폰이 매화로세

 **마늘**

마늘
함부로 씹지 마라

엄마 마음이
아리단다

아첨 자식 마늘 한 접 더 주라

까치집

죽은 나무
망루에 집을 지으니

안타깝다
까치야

흉터에서는
명관 안 나온단다

새들은 무명 가수

 좋은 날

배고픈 시절
다 지나고

이제
살 만하니까

몸이
천근만근입니다

재물 탐하지 않으니
멋도 필요 없게 되었습니다

욕망은 괴로움의 근원지

분홍 꽃

분홍색
입술
가슴 뛰게 만들고

고운
치마
바람도 안고 갑니다

나비야
구애하지 마라!
100일 가야 홍살문 열린다

사랑은 입술이 천 냥

아픈 나무

한 나무가
아프다

어려서 죽은
내 동생처럼

기력은
겨우 생겼는데

얕은 눈물이
어찌 알까요

생과 사 하늘과 땅의 뜻

예술가

담쟁이

화가인가?
시인인가?

재주 없는
나는

선생 앞을
쓱 지나칩니다

詩는 동동주를 빚는 마음

겸손의 꽃

꽃이
숙입니다

권력을 쥔
나라님도

민중의
지팡이도

숙이는가요?

숨겨진 논어, 꽃

어린 시절

어른 되려
애쓰지 마라!

동전
모를 때가 좋다

어른 되니
악마가 도처에 있구나!

엄마의 말씀은 도덕경

밤꽃

긴 꽃도
꽃이요

털 꽃도
꽃이다

여자를 유혹하는
야릇한 향기

옥녀가
밤에 반한 꽃

아들은 밤이 만든다

양귀비

나랑
시 한잔하자

너 예쁘고
나 좋으니

나랑
술 한잔하자

너 취하고
나 취하게

술은 취할수록 人事不省
시는 취할수록 德目修行

깨 털고

깨를 터니
미소가

깨는 털리니
눈물이

점잖으신
주인님

살살
때리소서

고행 뒤에 깨달은 깨

눈물

나도 혼자
울 줄 압니다

울고
울어

한쪽 눈
피멍이 들었습니다

그대
때문입니다

인생의 절반은 쓰더라

갈비

갈비
숯불에 누워 찜질합니다

뜨겁다
말 못 하는 사이

열 번
스무 번쯤 뒤집습니다

뜨거운 맛에
참회, 번뇌했습니다

먹기 전에 수행

고추밭

노모의
약통은
풀을 죽이고

어깨는
내 입을
쓰게 만듭니다

시집살이
된 것은
영감 때문입니다

일이 고되니 입도 허는구나!

 **잡초**

내 나이 구순은
호미가 알아보고

힘없는 나는
풀들이 알아보네

둑방의
쪽파들은

죽는 날 잡을까
자라지 않아 근심이네

효자는 가문의 영광

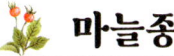 ## 마늘종

엄마가 뽑는 마늘종
눈물이 날 듯 말 듯 아리고

고추장에 푹 박은
마늘종

엄마가 싸 준
장아찌 도시락

뚜껑 여니
눈물이 핑 돈다

장아찌가 효자

 ## 교회

오래된
교회 갔더니

하나님
안 계시고

십자가 아래
까치둥지만 보입니다

그냥 가기 뭐해
아멘 하고 갑니다

한 분이라 하나님?

 ## 세월

호수가
잔잔하니

아카시아
봄이라며

한 송이
꽃을 피웁니다

거목 되는 날
임금은 열 번 바뀌겠지요

"대한제국 임금 모집" 학력, 경력, 전과 무

아파 보니

깨어나라
아들아

정신 차려라
딸들아

아프면
소용없다

늙으면
부부밖에 없다

부부는 칡넝쿨

 ## 매실주

나를
살려 두지 않고

술독에
가둔다면

술이 되는
100일 날

당신과 한 몸이 되어
뻗게 하리라

술, 3년 못 가 속병 걸린다

짐

휘어졌으니
탓할 것도 없다

3발로 걸으니
기대할 것도 없다

저승 갈 땐
검은 가방 두고 가리라

없이 살아도, 한 점 부끄럼 없이 살았노라!

가슴 꽃

유방 닮은
큰 꽃

보기가
민망해

마주 보지 못하고
지나칩니다

꽃의 변신은 무죄

생고생

40대에 홀로되니
자식들과
직사하게 고생했다

누가 꾀어도
문을 두드려도
앞만 보고 살아왔단다

자식들아
방축 위에 까치집
건들지 마라

말년의 복은 청춘 때 만든 것

빨간 수박

쪼개니
빨갛다

빨갱이
수박

겉과 속이
덧없다

수박도 속 있다

무념의 삶

붕어 품은
물처럼

꿀 품은
들꽃처럼

관직은
사양하며 살겠습니다

자연에서 사는 것이 福

 자식

40 되었으면
애아범이
되었을 텐데

백수로 살며
빌어먹으니
언제 철이 드나

엄마는
자식 때문에
먼 곳만 바라봅니다

달 자면 바람 삭을까?

개 팔자

명관도
고관도 싫다

가난도
부귀도 싫다

팔자대로
살다 간다

개고생 3년이면 누워 먹는다

詩想(시상)

정자에
나그네

詩想
없으니

지붕의
목련

하얀 꽃
피웁니다

입은 겸손의 문

행복

노후
손잡고
삽니다

벼슬아치도
아닌데
삐져 뭐 합니까?

우린
이대로
광주리에 콩 담고 삽니다

손잡고 살면 정은 두 배

 ## 양파

양파는 누워
팔려 갈 준비를 한다

어떤 놈은 짜장면 속으로
어느 새끼는 구이판으로

내가 그랬지

속살 비추며
달게 태어나지 말라고

어머님 은혜 까도 까도 나옵니다

女人(여인)

아직
젊은 그대여

잠시
쉬어 가라

등을 보니
선량한 사람이구나

앞날이
창창하니

독한 여자만
부디 조심하거라

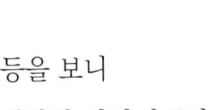 여자에겐 긴 혀가 있다

 **물새**

물고기
숨어 있으니

도나무통에 올라가
염주 대신 돌려 본다

고기 나올 타불

기러기는 기도 승

 **짝사랑**

눈빛만
보아도 안다

입술만
보아도 안다

나를
사랑하는지를

짝사랑도
사랑

사랑에 빠지면 혼수상태

 탑

탑 위에
구름 노닐고

하늘의 법도
절에 내리쬡니다

몸 닦아
복을 바라는데

누가
대신할 수 있을까

검은 짐승 배부르면 떠나더라

노년 세월

엊그제
무성한 잎

늙고 힘없으니
슬며시 눈물이 난다

세월
빠르기도 하다

때가 되면 갈 테니
올빼미야 울지 마라

부모의 뒷모습은 눈물

 ## 부탁

구름이
내려앉아도 상관없다

내장산
칡과 나무 엉켜 사는데

가랑비
내려도 상관없다

내장산
자연인
詩 쓰고 사는데

구름 걷히면 산이로다

구름은 산의 詩想

酒量(주량)

웅크려
셈을 한다

여태껏 퍼먹은 것이
두 마차 넘고

지금까지 피운 것이
한 섬이 넘는다

허탕한 세월
조상 볼 면목이 없다

친구 끊더니 사람 됐네

짝

짝을
찾았습니다

인연을
찾았습니다

천년을 기다려도
만날 수 없었던 그대

백 년 갈
내 짝을 찾았습니다

그대가 꽃이니 나비가 되겠소

病苦(병고)

갈 곳이
집인가
병원인가

늙은 몸
의지할 데 없으니
영감이 생각나네

쪽잠 자고 나니
방에는
약봉지만 넘쳐 나네

부모의 恩德(은덕)을 아는가?

고난

청춘에
과부 되어

애들만 보고
살았습니다

한숨도 원망도
떠들 시간 없었습니다

팔자는
땅에 묻은 지 오래

세월이
약이랍니다

팔자는 숨겨진 운명

장미 시절

콧대가
높던 시절

향기가
넘치던 시절이 있었다

옆집 언니
노처녀

장미도 제값일 때가 있다

흉

한평생
살아온 길

탈도 많고
말도 많다

오늘만
입 터진 김에

까놓고 흉 보자
며느리는 착한데 딸이 아파트 사 달래

수다 떨다 거쳐 읽습니다

유산

지나온 길
할 말은 많다

책으로 쓰면
백 권이 넘고

술로 빚으면
백 말도 넘는다

유산
지팡이만 남긴다

돈 보고 하는 효도 길어야 3년

장수 비결

산책을 하시오

시장이라도 가시오

이웃과 어울리시오

소일거리라도 하시오

약초차를 드시오

책과 영상을 가까이하시오

늙지 않으려면 즐겁게 사시오

장수는 내가 하기에 달려 있다

글쟁이

내 집
연기 피어오르니 저녁이구려

시골 연기는 어찌나 깨끗한지
시상이 절로 나는구려

오늘은 시집
마무리하는 날

그대가 해 주는
보리 누룽지 먹고 붓을 놓으리라

변변찮은 찬거리 볼품없지만
구수한 찌개와 창문의 달빛이면 충분합니다

빌어먹는 글쟁이
인생의 말미를 내려놓고 갑니다

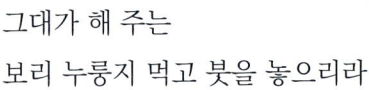

행복은 비우는 데서 옵니다

 여정

나뭇잎 물들어
서리 맛을 봅니다
겨울이 내려옵니다

시인
떠나려 묵필과 벼루 챙깁니다

깊은 토굴
쪽잠을 자며

새들이 깨워 주면
시의 날이 시작됩니다

떡잎에 고인 이슬로
세수를 하고

구름이 가면 간 곳으로
따라가 시를 엮습니다

오늘은 또 한 권을 마무리하고
하산하는 날입니다

다음 여정 『빈손』 시집으로 찾아뵙겠습니다

시평

여보
어렵고 궁할 때
한 몸이 되어 고생했어요

빈곤해도 신혼 재미에 취할 때
그때가 좋았소

달은 기울었고
황혼이 왔소

노년의 詩를 읽으니
우리 이야기 맞소

책이 희망을 주었으니
남은 인생 손잡고 행복하게 삽시다

詩는 달고 名言은 쓰더라

노년의 詩

시/사진 **서동주**

이익을 좇지 않고
살아온 인생

곤함을 받아들이고
욕망을 삼간 삶

가진 건 없으나
노년을 거부하지 않고 살아갈 뿐이다

老年
탐욕도 욕망도 버렸다